让孩子着迷的第一堂自然课
动物生存
DONGWU SHENGCUN

童心 编著

化学工业出版社
·北京·

图书在版编目（CIP）数据

让孩子着迷的第一堂自然课．动物生存 / 童心编著．—北京：化学工业出版社，2019.4（2022.8 重印）
ISBN 978-7-122-33731-3

Ⅰ．①让… Ⅱ．①童… Ⅲ．①科学知识－青少年读物②动物－青少年读物 Ⅳ．① Z228.2 ② Q95-49

中国版本图书馆 CIP 数据核字 (2019) 第 026039 号

责任编辑：王思慧　谢　娣
责任校对：王　静　　　　　　　　　　　　　　装帧设计：刘丽华

出版发行：化学工业出版社（北京市东城区青年湖南街 13 号　邮政编码 100011）
印　　装：天津画中画印刷有限公司
787mm×1092mm　1/12　印张 4　字数 58 千字　2022 年 8 月北京第 1 版第 2 次印刷

购书咨询：010-64518888　　　　　　　　　　　售后服务：010-64518899
网　　址：http://www.cip.com.cn
凡购买本书，如有缺损质量问题，本社销售中心负责调换。

定　价：22.80 元　　　　　　　　　　　　　　　　　　　　　版权所有　违者必究

Contents 目录

- 01 建设巢穴
- 02 求偶表演
- 04 孵化幼仔
- 06 抚养和哺育
- 08 学习和模仿
- 10 捕食技巧
- 12 自立成长
- 14 动物的记忆力
- 16 冬眠和夏眠
- 18 邻里之间
- 20 生活在集体中
- 22 炫耀
- 24 合作伙伴
- 26 清洁
- 28 使用工具
- 30 迁徙
- 32 为利益而战
- 34 和妈妈在一起
- 36 一起游戏吧
- 38 生存窍门
- 40 生存本能
- 42 假死

很多家燕为了留出足够的时间繁殖后代，它们会选择继续使用上一年留下来的旧巢。它们衔回泥巴，将破损的地方修补一下，然后再铺上一些柔软的东西。

建设巢穴

毫无疑问，大多数动物都会为了栖息和养育后代而建设巢穴，尤其是鸟类和哺乳动物。所有的动物巢穴中，鸟类的巢是很特别的，不仅规整、干净，还很坚固，能够承受住风雨的侵袭。另外，爬行类动物中的鳄鱼，鱼类中的刺鱼都会为哺育后代而建设巢穴。

每年春天，在南方越冬的家燕纷纷赶回北方繁殖后代。它们回到繁殖地后的第一件事情就是建设新巢或修葺旧巢。家燕选择在隐蔽的房檐下筑巢，因为这里能够遮风避雨，最主要的是能够躲避猎食者。它们从河流、池塘以及水坑边衔回泥巴，融合唾液，一点点垒起来，中间夹杂上草茎，如同钢筋一样起到加固的作用。大概经过一个多星期的忙碌修建，碗状或葫芦状的巢穴就建好了。接下来，家燕会将收集来的马鬃、羽毛和麻丝等柔软的东西铺垫在巢里面。家燕会在这个巢中繁殖1~2窝幼仔。

简陋的巢穴

白鹭把巢建在靠近河流和湖泊的低矮树上。它们的巢非常简陋，是用枯草和枯树枝建成的。雌鸟和雄鸟会共同搜集材料，共同筑巢。

为蛋建巢

快要产蛋的时候，雌鳄鱼会爬上河岸寻找舒适的河床建造巢穴。鳄鱼建造巢穴的目的只是为了保护蛋不被伤害，因为成年鳄鱼整天待在河中，根本不需要巢穴栖身。雌鳄鱼在河床上挖一个大坑，然后把蛋产在里面，接下来再用枯枝叶和土把蛋掩埋起来。鳄鱼蛋将在像坟丘一样的巢穴中孵化。

地下温暖的家

穴兔是一种会挖掘洞穴的动物。它们的家通常建在地下洞穴中。在洞穴的深处，穴兔会用细软的草和自己身上的绒毛为即将出生的宝宝做一个温暖的窝。

会建巢的刺鱼

雄性刺鱼在繁殖期的时候非常忙碌，它要四处搜集藻类和水草，然后用身体分泌的黏液将它们粘在一起，做成漂亮的巢。接下来，它会在巢穴周围游来游去，吸引雌性前来产卵。

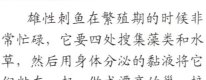
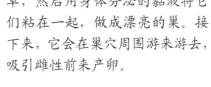

求偶表演

对动物而言，繁殖至关重要，这不只是为了留下自己的子孙后代，更是为了保证物种的延续。繁殖开始前，动物们必须做一件非常重要的事，那就是找到一个优秀的伴侣。在这期间，雄性成员必须表现得非常积极，使出浑身解数来吸引雌性的注意。为了达到求偶的目的，动物们有的一展歌喉；有的展现华丽的外表；有的展示自己强健的体魄……一旦哪只雌性动了心，那么，它们就会结成伴侣。

这只雄性艾草松鸡生活在北美洲西部的宽阔草地上，它已经向雌性发出了求爱信号。为了尽快获得雌性的芳心，雄性艾草松鸡一反常态，它竖起尖而长的尾羽，鼓起胸部的黄色气囊，在雌性面前昂首阔步，不知疲倦。

求偶不是件容易的事，雌性和雄性要经过长时间的观察和接触，才会你情我愿，继而交配，最后一起养育后代。

深夜的演奏

夏天的夜晚，雄蟋蟀会像拉小提琴一样，鸣奏出悦耳动听的声音来吸引雌性。很多昆虫的求偶都是利用美妙的音乐来完成的。昆虫们发出的声音，一般都是翅膀摩擦或肢体摩擦发出的。

美丽的"花扇子"

孔雀生活在印度和东南亚一些国家的森林中。雌性的羽毛灰暗；雄性的羽毛亮丽。长尾巴不仅羽毛丰满，而且色彩丰富。在交配季节里，雄孔雀会像打开折扇一样，张开美丽的尾巴，来吸引雌性的注意。

舞蹈

丹顶鹤过着"一夫一妻"制的生活，配对后终生不分开。雄性丹顶鹤会用美妙的舞蹈向雌性求爱。舞蹈非常重要，所以雄性丹顶鹤会格外卖力。每年到了繁殖的季节，雌性和雄性丹顶鹤也会一起跳起舞蹈，用来增加"夫妻"之间的感情。

鸣叫和大角

每年春天的3、4月份，雄鹿开始发情，准备交配。雄鹿会很长时间不进食，不知疲倦地追求着雌鹿，而且经常鸣叫，用来警告那些想要靠近的其他雄性。雄鹿的头上长着大大的角，这是成熟的标志，同时也是雄性之间争斗的武器。

空中的特技

白头海雕的求偶行为像空中的杂技表演。雌雄白头海雕先是在空中翻腾、俯冲，然后又振动翅膀向高空拔起。有时，两只白头海雕四爪相握，在天空中旋转和翻跟头。白头海雕在每个繁殖时期都会重复这项高难度的表演。

当雄性艾草松鸡把气囊中的气体快速挤出时,就会发出响亮的声音,这种声音越大就越能提升自身的影响,从而吸引更多的雌性。

孵化幼仔

繁殖后代是所有动物生命中的头等大事。只有不断地繁衍出新成员，才能保证种群繁盛而不会灭亡。为了适应大自然的生存环境，动物们都进化出了适合自己生殖繁衍的方式。哺乳动物的幼仔是在母体中发育完成的。目前，哺乳动物的繁殖方式是最先进的。而绝大多数鱼类、爬行类、两栖类以及鸟类都是靠产卵的方式繁衍后代的。卵孵化的方式也是多种多样的，有的由父母孵化，有的则自然孵化。

冢雉是一种靠自然热量孵化的鸟类，这种孵化方式在鸟类中很少见。产蛋前，冢雉用潮湿的枯叶和杂草建一座孵化室，然后把蛋整齐地摆放在里面。利用枯枝和杂草腐烂时散发的热量将蛋孵化。冢雉爸爸会时常检测孵化室中的温度，然后通过调整孵化室外面覆盖着的沙土厚度来调节温度。

共同承担孵化

蓝脚鲣鸟的孵化任务由雌雄鸟共同负担。当雌蓝脚鲣鸟出去觅食的时候，雄蓝脚鲣鸟就静静地在巢中孵蛋，等雌鸟觅食回来后，它就将蛋交给伴侣，自己则飞到海上觅食了。

守护在卵周围

小丑鱼是一种体色艳丽的小型鱼类，经常出没于海葵丛中。小丑鱼把卵产在海葵丛中。在卵孵化之前，小丑鱼一直守护在卵的周围，并不断地扇动胸鳍，以增加水流中的含氧量，有助于卵的孵化。

养父母的养育

布谷鸟不会筑巢，也不会孵蛋，那么小布谷鸟是怎样孵化出来的呢？在繁殖期，布谷鸟把蛋偷偷地产在其他鸟类的巢中。布谷鸟的蛋和很多鸟的蛋都很像，不易被发现。就这样，小布谷鸟就在养父母家出生并长大。布谷鸟的繁殖方式被称为寄生繁殖。

有爱心的妈妈

版纳鱼螈是一种极为特殊的两栖动物。版纳鱼螈妈妈也是两栖动物中少有的爱心妈妈，产完卵后，版纳鱼螈妈妈用身体小心翼翼地将卵围住，静静地等待它们孵化。

冢雉（zhōng zhì）蛋在孵化的过程中，最适宜的温度是33℃。有一种说法认为，冢雉孵化室中的温度高低可能影响雏鸟的性别。

抚养和哺育

慈爱的妈妈

非洲象妈妈是动物世界中最慈爱的妈妈之一。从小非洲象出生的那一刻起，非洲象妈妈就寸步不离地保护着自己的孩子。在漫长的迁徙途中，非洲象妈妈用长鼻子牵着小非洲象的长鼻子，以防它掉队受到攻击。

嗉囊中的食物

小鹈鹕刚出生的时候，鹈鹕妈妈将食物吐在巢中，供它们食用。等小鹈鹕稍长大一些，鹈鹕妈妈则让小鹈鹕把嘴伸到自己的嘴里或食道中直接取食半消化的食物。

哺乳动物在抚养和哺育幼仔方面表现得最突出，它们先是用乳汁喂养幼仔，等幼仔长大一些，再把美味可口的食物喂给幼仔，并且教授幼仔各种生存的本领。鸟类在这一方面做得也很出色。昆虫类、两栖类和爬行类中只有极少数成员会抚养和哺育幼仔。

狐狸在树洞或土穴中安家落户，然后交配、产仔。小狐狸刚出生时就像毛毛球一样，眼睛还没有睁开，蜷缩在一起。出于本能，它们很快找到了妈妈的乳头，然后美滋滋地吮吸着。在接下来的几个星期中，狐狸妈妈除了觅食外，几乎很少离开洞穴，因为小狐狸需要被保护。很快，小狐狸的身体变得强壮起来，能够行走和奔跑了。现在，它们的正餐已经不是妈妈的乳汁了，而是各种动物的肉。每当听到妈妈的呼唤声，小狐狸们便知道又有美餐可享用了，于是冲出洞穴，抢食妈妈带回来的食物。

昆虫中的好妈妈

会抚养和哺育幼虫的昆虫实在太少了，能给我们留下深刻印象的就更加少之又少了。我现在要介绍一种会照顾幼虫的昆虫，它们叫蠼螋（qú sōu）。蠼螋产完卵后就一直守在卵的周围，等待它们孵化。小蠼螋出生后一直躲在洞穴中，蠼螋妈妈把捕捉到的食物带回巢穴喂给它们。

狼宝宝的食物

狼是一种群居动物。狼宝宝在整个族群中都会受到优待，任何一只狼都要保护和哺育小狼。当小狼们饿了的时候，它们会啃咬成年狼的嘴唇索要食物，成年狼则会把胃里的碎肉吐出来喂给它们。

小狐狸从出生到独立生活需要大半年的时间,在此期间,它们靠吃父母提供的食物生活,并且跟父母学习各种生存的本领。

学习和模仿

动物们的生存本领都是通过跟自己的父母学来的，或模仿其他成员得到的。当然，也有一部分技能是通过遗传获得的。

像老虎这种凶猛的捕食动物，它们的生存本领是从小就开始学习并模仿获得的。老虎一般每胎能产下1~5只幼仔，母子要一同生活2~3年。起初，虎幼仔的食物由妈妈提供。随着虎幼仔不断长大，它们会学习妈妈的捕猎技术，兄弟姐妹之间也会切磋和学习。在玩耍的过程中练习撕咬、扑杀等技术是多数捕食性动物惯用的练习方式。很快，身强力壮的虎幼仔们便跟随妈妈一起捕捉猎物了。

非洲狮、巨嘴鸟、尼罗鳄和漂泊信天翁等动物的幼仔也是通过观察父母或其他成员的一举一动来获得生存技能的。

学会使用大嘴巴

巨嘴鸟是一种生活在美洲热带雨林中的鸟类，它们长着色彩艳丽的大嘴。长大的巨嘴鸟必须学会怎样使用巨大的嘴巴取食果实，而雄性巨嘴鸟还要学会炫耀自己的大嘴巴，以此来吸引雌性。

仔细观察，认真学习

每当雌狮们围捕猎物的时候，非洲狮幼仔们就会藏在草丛中观察捕猎的整个过程。它们学会了如何匍匐着靠近猎物，学会了怎样突然发动袭击，以及怎样能够最快将猎物杀死，最主要的是学会了参与捕猎的成员间如何配合。

妈妈是榜样

与很多爬行动物不同的是，尼罗鳄会照顾自己的子女长达2年之久。在这一段时间里，小尼罗鳄会跟妈妈学习很多生存技能，包括如何捕猎和如何逃避危险。差不多两年以后，小尼罗鳄便能够独立生活了。

直立身体挥动翅膀

这只小漂泊信天翁已经蜕掉绒毛，慢慢长出适于飞行的羽毛了。它在巢中直立起身体，挥动着修长的翅膀练习飞行技术。漂泊信天翁天生就是飞行的专家，它们只需稍加练习就能成功地飞上高空。

虎幼仔们每天花费大量时间练习捕猎技能，这为它们独立生活后能很好地适应自然环境以及成为优秀的猎手奠定了基础。

捕食技巧

观察不同物种的生活方式你会发现，低等的动物，如海葵，它们的捕食非常简单，而具有一定脑容量的哺乳动物和鸟类，它们的捕食过程会变得相对复杂，有一些捕食过程还会经过精心设计和计算。

虎鲸集群生活，是海洋中非常凶猛的捕食者，它们被誉为"海洋霸王"。虎鲸喜欢捕食海豹。对于虎鲸来说，每一次捕食都不能掉以轻心，因为它们的猎物也是海洋中非常聪明又非常灵活的动物。虎鲸以围追堵截的方式猎食海豹，有时还会合力击碎或掀翻浮冰，迫使海豹落入海中，然后再进行猎杀。每一次捕杀行动都是一个精心设计的阴谋，每个成员都肩负着特定的任务，以保证每一次都能成功。

有一点毋庸置疑的是，动物的很多捕食技巧都是在不断尝试和失败的过程中一点点积累起来的。

青蛙捕食的技术

青蛙捕食绝对是个技术活。它以各种飞虫为食。当飞虫在空中盘旋时，静止不动的青蛙用大大的双眼关注并锁定猎物，然后伺机快速伸出有黏液的长舌头，不偏不差地将猎物粘住并带回到嘴中，这个过程在瞬间就可完成。

原鸡

原鸡是家鸡的野生祖先，它们主要生活在热带雨林和林缘灌丛中，以植物的种子和昆虫为食。小原鸡出生不久便能和妈妈一起活动。它们会跟爸爸妈妈学习觅食的技巧，比如，用锋利的爪子刨开地表的土壤，寻找植物嫩芽、种子和躲藏在土壤中的虫子。

不断地学习

火烈鸟长着一个巨大且弯曲的喙，这给它们的捕食带来很大的不便。捕食的时候，它们需要将头部倒扎进水中，使喙的前端与水面平行，然后滤食小鱼虾和浮游生物。这种捕食的技巧需要不断学习和练习才能达到最好的效果。

灵巧的触手

海葵是非常低等的动物，它们附着在海底礁石上生长，很少移动。海水从海葵的触手间流过，并带来丰富的浮游生物。就这样，海葵不需要耗费多大力气就能把这些小生物送进嘴里。

捕猎时,很多虎鲸虚张声势,以吸引猎物的注意和打乱猎物的阵脚,其他一些成员则悄悄地靠近,等待时机将猎物捕获。

自立成长

你知道吗？在自然界中，很多动物宝宝成长的过程中并没有父母的陪伴，它们甚至连自己的父母都没有见过。这听上去是多么的不可思议！

东部箱龟生活在美国东南部湿软的沼泽地带。早春的时候，东部箱龟妈妈在沙地上挖一个深深的洞穴，然后在洞穴里产下二十几枚白色的卵。之后，东部箱龟妈妈将洞封住便离开了。几个星期后，小箱龟就被孵化了。小箱龟没有见过自己的妈妈，也没有妈妈的陪伴，它们必须学会自己照顾自己。出生后的几天里，小箱龟的行动能力还很弱，主要靠卵壳内残留的卵黄维持生命。不过，几天后它们就要钻出土层到地面上生活了。它们在沼泽附近的草丛和矮树丛中嬉戏玩耍，以昆虫、毛虫和多汁的浆果为食。

安全孵化

红土螈妈妈把卵产在水底的石头下，它能为宝宝做的就是给宝宝一个安全的孵化环境，之后便一走了之。小红土螈从孵化的那一刻起就要学会自我保护，它们刚刚孵化出来时身上有一个卵黄，连续几天都以卵黄为食。

菱斑响尾蛇

小菱斑响尾蛇出生后开始学习自己生活。它天生的毒牙已经可以用来捕捉猎物了。小菱斑响尾蛇试着抓一些小动物为食，比如老鼠和蜥蜴。等小菱斑响尾蛇的尾巴上长出坚硬的响环时，它会通过摇晃响环发出声音来警告大型动物不要靠近它。

靠运气成长

狗鲨的卵装在像荷包一样的卵鞘内，卵鞘的每个角上都长着细丝，能缠绕在水草上。小狗鲨出生以后，便独自在海洋中漂泊，至于它们能否成功活下来，完全靠它们的运气。

为宝宝准备食物

泥壶蜂幼虫出生后，主要以妈妈为它准备的虫子为食。等食物差不多快吃完的时候，泥壶蜂幼虫便开始化蛹，变成泥壶蜂。

独立成长

虎蛾宝宝是一种全身长着尖刺的毛毛虫。从卵中孵化出来后，虎蛾宝宝就要自己寻找食物并独立成长。它们很能吃，几天就能将身边的叶子吃个精光。经过一段时间，虎蛾宝宝会选择安全的地方化蛹，然后变成一只色彩艳丽的虎蛾。

小箱龟的鼻子上长着特殊的破卵齿,它们用这个特殊的工具打破卵壳。

动物的记忆力

动物有非常好的记忆力,有助于它们的生活和繁殖。

星鸦是一种广泛分布于欧亚大陆的鸟类。星鸦喜欢栖息在针叶林中,因为它们喜欢吃松子。每年冬季来临之前,星鸦会变得非常忙碌,它们四处搜集松子和其他坚果,然后把这些食物藏在树洞中或埋藏于地下。每只星鸦可能在很多针叶林中都有自己的私密粮库,每一片森林中储存食物的地点也不固定,这就需要星鸦具有很好的记忆力来牢记这些地方。冬天,星鸦凭借记忆找到自己储存的食物,安稳地度过食物短缺的季节。

在动物世界中,很多动物拥有不错的记忆力,比如记住蜜源位置的蜜蜂;凭借记忆力找到水源的非洲象;回到出生地并找到自己旧巢的马卡罗尼企鹅等。当然有的动物的记忆力也非常差,比如鱼类。

马卡罗尼企鹅

马卡罗尼企鹅在距离繁殖地几千米以外的海岸上度过了冬天。眼下,春天来临了,马卡罗尼企鹅再次返回到自己的出生地——南乔治亚岛。马卡罗尼企鹅拥有非常棒的记忆力,回到南乔治亚岛以后,每一对企鹅都准确地找到前一年居住的巢。

准确回到蜜源

蜜蜂经常到距离蜂巢很远的地方采集花粉和花蜜。蜜蜂的记忆力很好,当一只蜜蜂发现蜜源后,它会迅速飞回巢穴中,用特殊的舞蹈把信息传递给其他成员,然后带着大队人马前往采集。

糟糕的记忆力

说到记忆力很差的动物,则不得不提到鱼类。据实验得知,鱼类的记忆力只有几秒钟的时间,所以它们常常几秒钟后便忘掉不久前的危险,在同一地点再一次上钩。

经验丰富的领路者

在干旱的非洲热带草原上,非洲象群正长途跋涉寻找水草丰富的地方。它们通常要行走数百千米前往以前栖息过的风水宝地。这种长途迁徙每天都在进行,由年老的雌象带领。领头象具有丰富的经验和良好的记忆力,能保证象群不走弯路。

即使储藏食物的地方被枯枝落叶及厚厚的积雪覆盖了,星鸦也能准确地找到,并用锋利的爪将食物刨出来吃掉。

冬眠和夏眠

为了能在零下几十摄氏度或零上几十摄氏度的环境中存活下来，很多动物会选择调整体内代谢的速度，使自己进入休眠状态。休眠的状态分为冬眠和夏眠两种。冬眠是我们所熟知的，而夏眠听起来有些特别。非洲肺鱼就是一种夏眠动物。非洲肺鱼很特殊，正如其名，非洲肺鱼不仅长着鳃，还长着肺。雨季的时候，非洲肺鱼生活在河流中，用鳃进行呼吸。旱季来临了，河水慢慢干涸了，非洲肺鱼藏身于淤泥中，身体分泌的黏液使周围的泥土形成一个像茧一样的硬壳。此时，非洲肺鱼改用肺呼吸，并进入夏眠状态，以此来度过长达6个月的旱季。海参会因夏季食物匮乏而夏眠。生活在寒冷地带的熊和刺猬会在冬季寻找温暖的地方冬眠。四爪陆龟既要冬眠也要夏眠，它把一年中超过四分之三的时间都用来睡觉。

因缺少食物而夏眠

海参在海底活动，以海水中的微生物为食。夏天，海水温度上升至二十摄氏度以上，微生物纷纷转移到海面上繁殖。海参缺少食物，只能进入夏眠，直到三四个月后才苏醒过来。

几乎全年在睡眠

四爪陆龟因每只脚上都长着四只爪而得名。四爪陆龟的生活非常简单，对于它们来说，一年中只有两件事要做，即睡觉和繁殖。四爪陆龟一年要花费约300天的时间冬眠和夏眠，剩余的时间则用来补充营养和繁殖后代。

因不能适应低温而冬眠

逐渐进入冬天，自然界的温度只有零上几摄氏度了，而且还在不断降低。这时刺猬的身体已经不能适应这样的低温了，它钻到枯草或落叶堆中，蜷缩成一个球开始长睡。冬眠时，它的刺始终直竖着，以此来防御靠近它的猎食者。

度过漫长的冬天

熊为了能安稳地度过寒冬，必须在秋天积累大量的脂肪。肥硕的大马哈鱼正好在这一时期出现了。饱餐一段时间后，熊的体重增加了不少。之后，它便找到一个温暖的洞穴开始冬眠。它们昏睡着，每天只消耗一点点脂肪，直到春天到来。

非洲肺鱼在泥土中度过漫长的旱季，等雨水灌满河道时，非洲肺鱼会重新变得生龙活虎。

邻里之间

在动物世界中，很多动物的巢穴和邻居们离得很近，互为邻居的动物有可能是同一物种，有的则是其他动物居民。令我们难以想象的是，这些毗邻而居的动物，彼此之间的关系处理得非常融洽，有时甚至打得火热。在光照充足、温暖的浅海中分布着很多美丽的珊瑚礁，珊瑚礁的建造者是世界上最小的生物之一——珊瑚虫。成千上万只珊瑚虫聚集在珊瑚礁中躲避危险，构成一个紧密的群落。

织巢鸟的巢悬挂在树上，有时一棵树上多达上百个，形成一个悬挂在半空中的城市。旅鼠在地下挖洞居住，也有很多邻居。大壁虎的邻里关系显得更亲密，很多成员共同分享一个大洞穴。鹗不欢迎同类靠近，但很愿意接受其他动物做邻居，比如夜鹭。我们提到的这些动物与自己的邻居之间都非常热情友好。

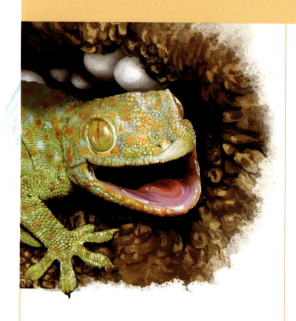

共用一个洞穴

在一个岩石洞穴中，洞壁上粘着很多对白色的卵，这是壁虎的卵。这些卵不是同一个壁虎妈妈产下的，而是每一对卵都有一个妈妈。这些壁虎宝宝在这里孵化，算得上是近邻了。

空中的城市

织巢鸟的巢建在树上，每一个巢都悬挂在树枝上，这样会很安全，可以避免蛇和蜥蜴的袭击。这座空中家园非常热闹，小织巢鸟在这里被孵化并成长。尽管很多家庭聚在一起，有时看上去很拥挤，但彼此之间相当和谐。

互助防御捕食者

鹗就是我们平时说的鱼鹰。春天的时候，鹗会返回到繁殖地繁殖后代。它们往旧巢中添加一些枝条，修补风雨造成的损坏。然后，雌鹗在巢中产下蛋。这只鹗的邻居是一只夜鹭，它们之间不会构成威胁，反而互相帮助来防御捕食者。

地下的邻居

旅鼠是北极最常见的动物之一，也是大多数捕食者的食物。旅鼠居住在雪层以下的洞穴中，洞穴中有铺垫着杂草的窝，是抚养孩子的地方。旅鼠繁殖力极强，每隔几年，数量便骤增，地下的洞穴慢慢多了，成为了一支庞大的队伍。

珊瑚虫的身体相当小,外形像迷你版的海葵,身体上长着八只或八只以上的触手,触手中央有口。它们聚集在一起生活,用触手捕捉食物。

生活在集体中

动物生活在集体中,会给它们的生活带来很大的优势,觅食、繁衍以及抵御敌人都会非常有利。面对残酷的自然环境和竞争,群居在一起的确再明智不过了。宽吻海豚是海洋中非常出色的动物,它们性格活泼,喜欢成群在海洋中活动。对于动物世界而言,宽吻海豚的家族是那么的令人羡慕。它们过得很快乐,成员之间也非常友爱和谐,它们一起嬉戏,一起觅食,当遇到凶猛的敌人攻击时,它们也会团结起来,去勇敢地抵抗,不会抛弃同伴。还有一些鱼类也聚集在一起,一同来抵抗入侵者的袭击。在水牛的群体中,雄性占主导地位,它们会担负起保卫群体的责任。所有的群居动物类群中,像海豚家族一样友爱和睦的并不多,很多家族成员之间是分等级的,比如麝雉和豺。

勇于担当的雄性

非洲水牛是非洲草原上的猎食者们最喜欢捕食的猎物之一。当非洲狮群发动攻击的时候,雄性非洲水牛会围在群体周围,保护雌性和幼仔逃跑。一旦被追上,雄性会用尖角顶撞对手,它们是所有野生牛类中性情最凶猛的。

家庭的组合

豺是一种喜欢结群游猎的动物。一个豺的群体一般由几个家庭组成,其中最有经验且狡猾的一对伴侣会成为首领。豺的群体中并不安宁,它们经常因食物或地位而发生争斗。

集体生活

珊瑚鱼大都体形娇小,因此它们没有攻击性。珊瑚鱼善于变色与伪装,它们成百上千地生活在一起,靠集体的力量抵御猎食者。

"保姆"的职责

在麝雉群体中,有一对夫妻是首领,其他成员中有1~3只是"保姆"。"保姆"帮助首领照顾群体和孩子。当首领出现意外时,群体的新首领很可能从"保姆"成员中诞生,因为它们是最有经验的成员。

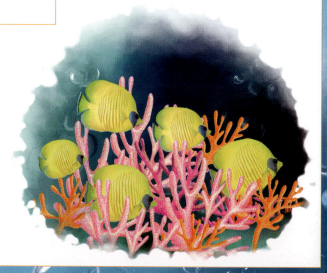

当海豚妈妈分娩的时候,群体中的其他雌性成员会紧紧地围在它的周围,随时准备提供帮助。妈妈和阿姨们会在小海豚出生的第一时间将它送到海面上呼吸。

炫 耀

生活中，如果一个人总是拿出自己的新裙子或新项链在朋友们面前展示，我们就说她在炫耀。不同的人对炫耀持不同的态度，有人认为炫耀是展现美，有人却很反感。在动物世界中，炫耀同样存在。动物会展示漂亮的羽毛，会亮出清脆的嗓子，甚至还会秀一秀舞步……动物们才不会介意你对炫耀持怎样的态度，它们只知道炫耀会带来很多收获。

金狮狨是一种非常原始的猴类，它们四肢上都长有尖爪，能敏捷地在树上攀爬。金狮狨以熟透的果实和昆虫为食，它们以小群体的形式一起生活，通常由雄性领导，雌性尾随其后，小宝宝紧贴着母亲。金狮狨的头上长着狮鬃般的金色鬃毛，闪闪发亮，十分夺目，使它们看上去高贵极了！然而，由于森林资源日益匮乏，加上人类的破坏，导致它们成为了濒临灭绝的动物。

不知疲倦的表演

为了让雌性接受自己，雄性大眼斑雉一边跳舞，一边展示它艳丽夺目的尾羽。雄性大眼斑雉抓住一切机会和雌性交配，如果不成功，它会继续展示自己，直到雌性大眼斑雉接受自己或彻底离开。

张开巨大的嘴巴

看，这只河马正张开嘴巴，露出巨大的牙齿，这也是一种炫耀。河马用这种方式吓退敌人以及想要越界的同类。

展示自己的冠

动冠伞鸟生活在南美西部的多岩石地带。雌性动冠伞鸟看上去非常普通，羽毛呈浅褐色，毫无吸引力可言。但是雄性动冠伞鸟的头上长了扁圆形的鲜艳的冠，非常漂亮。雄性动冠伞鸟在繁殖期会展示自己的冠，用来吸引雌性的注意。

苍头燕雀的歌声

成年的雄性苍头燕雀会唱2~3首不同风格的歌曲，这些婉转的曲子在繁殖期时会大有用途。在繁殖期间，雄性苍头燕雀站在高高的树梢上唱起动听的歌，这歌声能吸引雌性前来交配，也能警告其他雄性不要靠近。雄性之间会比比谁的嗓门洪亮，越洪亮便越有吸引力。

雄性金狮狨通过展示自己的金色鬃毛来吸引雌性的注意,毛色越亮越鲜艳,成功的概率就越大。

合作伙伴

黑圆蚁和蚜虫

所有蚂蚁都喜欢吃甜食。由于蚜虫能分泌出甜甜的蜜露,所以蚂蚁和蚜虫一直保持着亲密的关系。只要蚂蚁用颚轻触蚜虫的尾部,蚜虫就会分泌出蜜露供蚂蚁食用。而蚂蚁则会保护它们的"蜜源",奋不顾身地驱赶瓢虫。

世界上大部分动物都能自食其力。但如果仔细观察一些动物的生活你会发现,某些动物之间存在很亲密的合作关系。比如,豆蟹与蓝贻贝就是一对合作伙伴。豆蟹是蟹类中最小的品种之一,大小和豌豆差不多。蓝贻贝是生活在海滨泥滩上的贝类。

豆蟹的一生也是从卵开始的。豆蟹卵漂浮在海面上,然后孵化成微小的、能自由游泳的幼体。几个月后,豆蟹幼体的外形会发生多处变化,这时,豆蟹幼体会选定一堆蓝贻贝,并且进入其中一只的壳内。慢慢地,豆蟹幼虫会变成一只微型蟹,经过不断成长,最后产出自己的卵。

蓝贻贝从流经鳃部的海水中滤食动植物小碎屑。豆蟹在蓝贻贝体内爬来爬去,吃掉蓝贻贝鳃部残留的动植物碎屑,从而使蓝贻贝得到清洁。而豆蟹则可以受到蓝贻贝的保护。除了豆蟹和蓝贻贝,动物界中还存在很多这样的例子。

吸盘鱼和鲨鱼

吸盘鱼,又名鮣鱼。头顶及背部长着吸盘状的结构,能吸附在其他鱼类的身上,被带着在大海中穿行,俗名"免费旅行家"。吸盘鱼尤其喜欢吸附在像鲨鱼这样的大鱼身上,周游四海,到饵料丰富的地方美餐一顿。为了感谢鲨鱼,吸盘鱼会将鲨鱼身上的寄生虫清理干净。

蝎子和蜥蜴

在干旱的非洲沙漠地带,蜥蜴用锋利的爪子挖掘一个洞穴,用来躲避高温。蝎子不会挖洞,但它们会分享蜥蜴的洞穴。蜥蜴并不介意在洞中多了一个身长毒刺的房客。当有入侵者时,蝎子用尾刺保护自己以及蜥蜴的安全。

豆蟹喜欢寄生在牡蛎、扇贝、贻贝和杂色蛤子等瓣鳃类的外套腔中，虽然也会对宿主产生一些影响，但总体上还算相安无事。

清 洁

为了健康,动物们也会像人类一样清洁自己的身体。它们用爪、舌头和喙作为清洁工具,梳理毛发和羽毛,清洁皮肤以及除掉身上的寄生虫。动物们除了自己清洁外,还会和伙伴互相帮助清洁,甚至一些动物还有专门的清理工。清洁虾是一种生活在海洋中的小虾,它们可不简单,它们是很多鱼类的清洁工。鱼类的身上会生长很多寄生虫,有些鱼类无法自己将寄生虫清理掉,所以需要有伙伴帮忙才行。清洁虾担负起这样的工作,它在鱼类的身上爬来爬去,用小钳子巧妙地清洁鱼类的身体。

苍蝇吃完一顿黏糊糊的美食后,会马上清理脚和头部;鸟类在休息的时候,用喙梳理羽毛;猫用舌头和爪整理毛发和清洗面部。这些动物都在说明一个道理——要想健康,清洁很重要。

讲卫生的苍蝇

苍蝇喜欢在动物尸体上或者垃圾堆里觅食,它的脚和嘴会沾满黏稠的东西,所以它必须清理干净,否则就会影响行走和飞行。苍蝇两脚互搓将脚清理干净,再用双脚将嘴擦干净。

梳理并涂油

所有鸟类天生就喜欢梳理羽毛,因为羽毛能保护皮肤、保持体温,平整的羽毛更利于飞行。捕鱼结束后,绿头鸭在岸边休息。绿头鸭用长长的喙把羽毛里里外外梳理一番,然后再用喙把尾脂腺分泌的油脂涂抹在全身的羽毛上,以起到防水的作用。

好好清洗一番

猫经常出入仓房的架子下或草堆间捕捉老鼠,所以毛经常会粘上污垢和寄生虫。猫每天都要花费很长时间擦洗和梳理自己的皮毛,这是一种本能习惯。粗糙的舌头能把毛舔得干干净净。

互相帮助的猴子

猴子是非常聪明的动物,它们经常互相帮助对方清洁身体,这样既能清洁身体,又能交流感情。猴子在伙伴的皮毛中翻来翻去,挑出皮毛里的植物种子和碎屑,找到虱子、跳蚤和汗水凝结的盐粒时,就用爪子捏出来吃掉。猴子每天都要花大量时间互相清洁。

清洁虾吃掉鱼类身上的死皮和寄生虫,这对鱼类的健康十分有利。有的时候,清洁虾还会爬进海鳗的嘴里工作。

使用工具

我们常说人类是最高等的动物，人类会制造和使用工具，会用大脑进行复杂的思考和运算。然而，一些动物有时会让我们很吃惊，它们也会使用工具，而使用工具又是需要思考和研究的，环环相扣，这充分说明了这些动物成员也是一些佼佼者。

黑猩猩，一种和人类有着亲密关系的灵长类动物，它们的一些生活技巧反映出了人类进化过程中的某个阶段。黑猩猩是最会使用工具的动物之一，它们从众多草茎中挑选出最得心应手的那一根，然后将草茎插入白蚁穴中，待上面爬满白蚁后，便取出来抿进嘴里吃掉。

这种使用工具的方法看上去简单易学，但黑猩猩在很小的时候就在妈妈的指导下开始学习了，需要花费很多时间才能真正学会。这可能像我们很小的时候开始学用筷子是一样的道理吧。

下面我们一起来了解其他几种会使用工具的动物。

砸开坚果

小僧帽猴在刚会吃些东西的时候就开始学习使用工具了。它们模仿成年僧帽猴，并在失败中不断总结经验。很快，它们就能够熟练地用石头将坚果砸开，取食里面的果仁了。

弥补不足

啄木雀的喙也非常有力，所以能像啄木鸟那样在树上凿洞。但是，它们没有啄木鸟那样的长舌头。于是，啄木雀想到用工具来取出树干中的虫子。它们用仙人掌刺或细树枝把虫子从树干中挑出来吃掉。

砸蛋专家

埃及秃鹫非常喜欢吃鸵鸟蛋，但怎样打开鸵鸟蛋是一个值得思考的问题，因为鸵鸟蛋太坚硬了。埃及秃鹫从长辈那里学来了宝贵的经验——用石头砸碎鸵鸟蛋。它们用嘴叼着石头一次一次地扔向鸟蛋，很快它们就尝到了美味。

聪明的海獭

海獭潜到海底，用海藻叶包住猎物并带到海面上。接下来，它仰卧在海面上，在胸口处放上一块约有拳头大的方形石块作砧板，然后用前肢抓住猎物使劲往石头上撞击，直到可以取食出来。多了不起的举动啊！海獭竟然将海藻叶和石头的作用发挥到了极致。

黑猩猩除了使用草茎捕食白蚁外,还会使用一些简单的砍砸工具,这是非常了不起的!

迁 徙

一些动物，大部分是鸟类，为了躲避严寒，找到充足的食物，它们会在寒冬来临前，从地球的一端飞到另一端；还有一些动物，为了回到温暖的繁殖地繁殖后代，它们不辞劳苦，翻越千山万水进行长途旅行。这种出于某种目的、规律性的行为被称为迁徙。

为繁殖而迁徙

雪雁在美国南部度过冬天，它们在潮湿的沼泽地、沙洲和湿草甸里觅食。要到繁殖期了，雪雁在日月星辰的指引下飞向北方，飞到阿拉斯加去繁殖后代。

欧洲鳗鲡

欧洲鳗鲡一直是世界上最神秘的鱼类。虽然受到了过度捕捞的威胁，但它们在欧洲沿海和淡水中还很常见。每年秋季，欧洲鳗鲡都要游到美洲附近的马尾藻海里产卵。

绿海龟是海龟家族中的大型成员之一，是海洋中出了名的旅行家。到每年繁殖期的时候，无论身处何地，它们都会长途跋涉回到出生地。绿海龟的记忆力非常好，能够准确地辨别出出生地的方向。绿海龟宝宝爬出沙坑的那一刻，标志着它们的旅途正式开始了，爬过柔软的海滩，游进浩瀚的海洋，从此一生中大部分时间都将在海洋中度过。不出意外的话，绿海龟可以活到80岁。在这80年里，绿海龟每隔两到三年就要返回到出生地一次，可见它们的生命旅途是何等漫长。

为生存而迁徙

非洲象聚集在一起形成一个群体，整个群体的领导者是最有经验的雌性老象。旱季的非洲草原正是水草短缺的时候，为了获得食物和水，象群首领凭借经验带领着家族成员在非洲草原上艰辛地行进。

海洋中的流浪者

大部分浮游生物都是小型海洋生物的幼仔，如海葵幼体、海星幼体和水母的幼体。这些细小的生物在海洋中随波漂流，一边漂流一边长大，所以它们一生中很长一段时间都过着迁徙的生活。

绿海龟长着宽大的鳍状肢,在海洋中充当桨使用,为游动提供动力。在海滩上,鳍状肢还可以用来挖坑。

为利益而战

动物之间的争斗一般都是非常激烈的。主要是为了争夺配偶、食物以及生存空间等有限资源。简而言之，就是为自己的利益而战。

大角羊是生活在北美洲西部山区高地上的野生羊类。成年公羊的头上有巨大的角，角是从头骨长出的，在头的两侧盘曲生长。母羊的角小而尖，呈镰刀状。通常情况下，一只公羊和十几只母羊生活在一起。每年秋季是大角羊的繁殖季节，这个时候，公羊首领必须时刻警惕周围的动向，因为大量独身的公羊正窥视它的后宫佳丽们。当挑战者出现时，公羊首领必须果断做出还击，以保证自己的地位。两只强壮的公羊拉开一定距离，然后快速冲锋，用粗壮的双角撞击对手，山谷中回荡着撞击的"砰砰"声。这种争斗具有高危性，失败者常常身负重伤，或被撞下山崖而送命。

保卫领地之战

拥有一片果实丰富的森林是所有环尾狐猴族群的梦想。因此，环尾狐猴族群之间经常因争夺领地而发生争斗。一方是领地守卫者，一方是入侵者，当经多次警告无效后，守卫者就会发起攻击，它们用锋利的爪攻击入侵者。

保住王位

狒狒家族的首领经常被年轻的狒狒挑战，保护至高权力的最好方法就是武力打败对手。面对对手，狒狒首领亮出它尖锐骇人的长牙，双手拍打地面，以示警告。如果顺利的话，对手会主动放弃。但如果警告无效，那么一场大战就在所难免了。

争夺配偶之战

雄性普氏野马会为了争夺交配的权利而发生激烈的争斗。雄性普氏野马之间先是两眼凝视，耳朵朝向前方，然后打着响鼻小心靠近，接下来，它们鼻孔喷出粗气，耳朵向后抿，怒目而视，进而扭打在一起。它们主要以啃咬、刨蹬和蹄击等方式互相攻击。

非洲草原上的强盗

鬣狗被称为"非洲草原上的强盗"，这是因为它们总仰仗群体的力量抢夺其他猎食者的猎物。鬣狗除了掠夺狮子的食物，还会猎杀小狮子。狮子和鬣狗之间的争斗时有发生，为了生存，它们彼此都付出了巨大的代价。

雄性大角羊的肩部、颈部和四肢都长着发达的肌肉,这些肌肉不仅赋予它们巨大的斗争力量,同时也对它们起到保护作用。

和妈妈在一起

向妈妈学习

在沙漠中生活是一件非常艰难的事情,所以很少有动物在沙漠中定居。骆驼有时独居,有时几只生活在一起。小骆驼跟着妈妈生活,它要跟妈妈学习怎样找到水源和能吃的植物。

妈妈的宝贝

斑马每隔三年才繁殖一次,而且每次只产1仔,小斑马对于斑马妈妈来说实在太重要了。斑马群在广阔的草原上游荡,寻找新鲜的嫩草。小斑马大部分时间都跟在妈妈的身边,一旦它走远一些,妈妈便赶忙呼唤它回到自己身边。

刚出生的动物幼仔,比如小灰熊、小长颈鹿、小角马和小斑马等,它们的防御能力非常弱,甚至连觅食都不会,所以它们必须和妈妈待在一起。妈妈不仅可以保护它们不被伤害,还能喂给它们营养丰富的乳汁以及帮助它们觅食,而且在成长的过程中它们能够在妈妈那里学到实用的经验。

小灰熊宝宝们在一个风雪之夜降生在妈妈精心建造的洞穴中。外面非常寒冷,小灰熊们蜷缩在妈妈的怀里,互相拥挤着取暖。灰熊妈妈的身体里积累了足够的脂肪,能够转化成营养丰富的乳汁供小灰熊们填饱肚子。灰熊一家静静地等待春天的到来。春暖花开的时候,灰熊一家前往水草丰富的地方,灰熊妈妈需要补充些食物了。公熊和狼会对小灰熊造成伤害,所以灰熊妈妈警惕地观察着周围。小灰熊和妈妈一起生活两年左右,然后带着妈妈教授的生存技能开始独自生活。

跟随妈妈

角马妈妈选择午后产下小角马。小角马出生后不久就能站立和奔跑了。角马是非洲草原上最大的动物群体,它们为猎食者们提供了丰富的食物。在旱季来临的时候,小角马和妈妈跟随大部队迁往马赛马拉,整个迁徙的过程中它都受到妈妈的保护。

靠妈妈保护

长颈鹿宝宝和妈妈一起生活。成年长颈鹿能用铁锤一样的蹄子自卫,但小长颈鹿却丝毫没有自卫能力。狮子、猎豹和斑鬣狗时时刻刻都在打小长颈鹿的主意,所以小长颈鹿必须寸步不离地跟着妈妈。

在成长的过程中，灰熊妈妈教会了小灰熊怎样挑选成熟的果实、怎样在河流中捕鱼等生存技能。

一起游戏吧

全家的游戏时光

水獭一家由爸爸、妈妈和几只小水獭组成。对于小水獭来说，一天中最快乐的时光莫过于一家人做游戏的时候。兄弟姐妹们在河岸上追逐嬉戏，有时它们跳下水，和爸爸妈妈一起在水中翻滚，这种游戏能使彼此之间更加信任。

游戏中学生存

小鸡经常在草地上嬉戏，其中一只叼着小虫子奔跑，后面一大群伙伴追赶、抢夺。这种游戏可以练习奔跑速度和怎样保护自己的食物。

人类在闲暇的时候喜欢做游戏，从而得到放松以及感到快乐。事实上，游戏并不只是人类生活中的一部分，它在动物们的生活中也很重要。智商更高级的动物和群居性的动物更喜欢做游戏。对于动物而言，大部分游戏是后天模仿而来的，具有非常重要的意义，绝不只是用来打发时间用。在游戏的过程中，动物们学会如何与其他成员相处，将来怎样教育孩子，以及锻炼肌肉的力量等。这可能就是我们平时所说的寓教于乐吧。海牛宝宝出生以后会跟随妈妈一起生活很长时间。海牛非常活泼，所以小海牛经常会和妈妈做游戏。它们先是用身体相互摩擦，然后是吹口哨，接下来互碰鼻子，就像在亲吻一样。也许小海牛非常明白，尽管它是妈妈的独生子，但促进母子的感情还是非常重要的，而且这一交流方式也会用于它将来求偶和育仔等方面上。

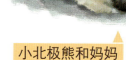

小北极熊和妈妈

北极熊妈妈带着小北极熊生活在寒冷的北极地区。北极熊的数量不多，分布较零散，所以小北极熊很难找到伙伴，像图中的这只北极熊独子就更难找到一起玩耍的伙伴了。于是，小北极熊会和妈妈一起玩耍，在玩耍的过程中学会很多生存的本领。

爱游戏的地松鼠

地松鼠是一种非常可爱的啮齿动物。小地松鼠刚出生的时候，全身没有毛，眼睛也睁不开。出生一个月后，地松鼠宝宝已经可以到洞外玩耍了。它们有时互相追逐嬉戏，有时追逐色彩斑斓的瓢虫和大黄蜂，有时甚至为了一片羽毛争抢得不亦乐乎。

海牛生活在河流入海口处,性格非常温顺,遇见伙伴的时候,它们会通过吹口哨和碰鼻子等方式相互打招呼。

生存窍门

储存粮食的口袋

单峰驼生活在干燥的沙漠地带。为了适应干燥且缺吃少喝的生活，单峰驼长出一个能够储存"粮食"的袋子——驼峰。驼峰中储存着脂肪，能够在食物短缺的时候转化成能量物质和水，以保证身体正常运转。

神奇的分泌物

黄鼬长着非常发达的肛门腺，能够分泌出奇臭无比的分泌物。每当黄鼬受到猎食者攻击的时候，它会立刻转身把屁股对准对手，然后排出分泌物。一旦被分泌物射中面部，猎食者就会头晕目眩，恶心呕吐，严重者则会昏迷。

动物如果想生存下来，就要有一些小窍门，这些小窍门有的用来捕食，有的用来逃避捕食者。动物生存的窍门是通过一代代在遇见问题和解决问题的过程中总结出来的，并将遗传基因传给下一代，最终形成特殊的技能。

兰花螳螂是昆虫世界中最会伪装的昆虫之一。兰花螳螂的身体外形像兰花的花瓣，颜色也和兰花相差无几，而且还能根据花瓣的颜色变化而变化。当它们静静地趴在兰花上时，我们很难发现它们。毫不知情的小昆虫落到兰花上寻找可口的花蜜，兰花螳螂便轻而易举地将其捕获。这种守株待兔的捕猎方式是多么的高明啊！下面，我们再一起来了解一下活板门蛛、黄鼬、溶洞萤火虫和骆驼的生存窍门，它们的小窍门都堪称一绝。

逃生之门

活板门蛛的洞穴非常特别，整体看上去像一口竖井，洞内一侧开凿了一段专门用来躲避敌人的通道。有趣的是，活板门蛛在洞口和侧通道口都放上了一块石板。这石板的作用就像我们人类的房门一样。当受到攻击的时候，活板门蛛会藏进侧通道，关闭石板门，将猎食者拒之门外。

美丽陷阱

在新西兰的怀托摩溶洞地区生活着数以亿万计的萤火虫，它们是地下溶洞中最主要的居民。为了能够在黑暗中捕获猎物，溶洞萤火虫从洞顶垂下多条如珍珠链子一样的黏丝。这些晶莹剔透的黏丝是最美丽的陷阱，猎物一旦被粘住就无法逃脱。

兰花螳螂生活在东南亚的马来西亚热带雨林区,在不同种类的兰花上生活着不一样的兰花螳螂。

生存本能

动物出生后会做出很多利于生存和成长的反应，这种反应不必经过学习就会了，所以称为本能。棱皮龟妈妈在温暖舒适的沙滩上挖掘一个大坑，然后把蛋产在里面。不久之后，蛋被孵化了，小棱皮龟打开蛋壳，从里面钻出来并爬出沙坑。神奇的是，从没见过海的小棱皮龟爬出沙坑的第一反应就是拼命地奔向大海。这种反应对它们的生存很有利，快速进入海洋中不仅能避开大量捕食者，还能保证皮肤湿润。小海龟做出的反应令人费解，它们是从哪里学来的呢？它们怎么会清楚地知道出生后第一件事情是做什么呢？回答这一问题的最佳答案就是本能，一种先天遗传下来的能力。这种先天的能力，大多数动物都多多少少具备一些，尤其是那些生下来以后没有父母照顾的小动物。动物幼仔们用先天的能力度过一生中最艰难的时刻，然后认识世界，学习更多、更实用的生存技能。

全凭感觉

小袋鼠出生的时候只有一粒蚕豆大小，它出来后便进入到妈妈的育儿袋中继续发育。育儿袋里面温暖又安全，是一个理想的发育场所。小袋鼠还睁不开眼睛，所以无法看见周围的东西。它在育儿袋中拱来拱去，找到乳头吮吸乳汁。

随时应对危险

蝌蚪孵化出来了，为了不挨饿，它们会吃掉卵的残余物。接下来，小蝌蚪们成群结队地在水中自由游动。它们非常机警，做好随时应对危险的准备，一有危险便迅速游到水底或躲进水草丛中。

隐藏起来

大多数蛇类都不会照顾蛋，所以蛇宝宝是自然孵化出来的。蛇宝宝用破卵齿咬破蛋壳，探出头来观察陌生的世界，然后慢慢地从蛋壳中抽出身体。此时，它们非常明确自己接下来要做什么，那就是赶紧找个安全的地方藏起来。

天生的游水本领

野鸭出生不久就能和妈妈下水活动了，它们天生就是游水的健将。妈妈在水中游动，小家伙们紧随其后，然后学着妈妈的样子在水中东啄啄西啄啄，滤食水中的食物。

棱皮龟和其他龟类不同,它们的背上没有坚硬的甲壳,而是长着一层厚厚的革质皮肤,所以又被称为"革龟"。

假死

猪鼻蛇的演技

猪鼻蛇也长有毒牙,唾液也有毒,但它性格很温顺,不像其他有毒蛇那样具有攻击性。遇到敌害时,它首先将肋骨撑开,并发出嘶嘶声,恐吓对方。如果这一招不好用的话,接下来,它就会翻转、扭摆,将肚皮朝天,张开嘴巴,吐出舌头装死。

在自然界中,你经常会看到这样一些奇怪的事情——一只瓢虫正在草叶上爬来爬去,当你用手轻轻地拨动一下草叶,瓢虫就会将腿收缩在身体下,翻滚落地,一动不动,它就这样"死了"。有时你也会看到一些其他的甲虫出现类似的状况,比如金龟子、蜣螂等。难道它们真的死了吗?当然不是,这只是它们制造的一种假象,叫作"假死"。这种本领很多动物都会,是一种迫不得已的求生本能。负鼠假死的样子非常逼真,是一个假死高手。在即将被擒时,负鼠会突然倒地,面色变淡,张开嘴巴,伸出舌头,紧闭着双眼,身体不停地抖动,样子十分痛苦。一见到这种情形,猎食者变得惊慌和恐惧,出于一种反常的心理作用,不再去捕食它,负鼠也因此捡回一条命。负鼠在假死状态时,它的大脑一刻也没有停止活动,甚至工作效率更高。

一动不动

假死现象经常发生在甲虫的身上,因为它们是自然界的弱势群体,没有攻击性,不能自我保护,尽管身上披着甲壳,但仍无济于事。所以,假死近乎成为它们唯一有效的自保方式。甲虫假死时,有的僵直地伸直腿仰躺在地上,有的则收缩腿趴伏在地上,一动不动。

装死避险

麦叶蜂幼虫喜欢生活在麦田里,它们主要咬食麦子的叶尖儿部分。麦叶蜂幼虫具有假死的特性,人们常利用这一特点,在早晨和傍晚将它们捕杀。

伺机逃跑

对于老鼠来说,被猫捉住是最不幸的事了。因为这样十有八九是要送命了。猫是鼠的天敌。有时,猫捉到老鼠以后并不急着享用,而是在地上玩耍老鼠一阵儿。面对这种情形,老鼠总是一边忍受踩蹋之苦,一边伺机逃脱。它一再顺从,然后显得无精打采,最后瘫软在地,使猫对它减小兴趣并产生疑惑,一旦时机成熟就会开溜。尽管这种冒险未必能够成功,但为了活命,老鼠还是会试一试。

负鼠为了把假死的戏做足,经常会从肛门旁边的臭腺排出一种恶臭的黄色液体,这使猎食者更加相信它死了,并且已经腐烂发臭。此时,哪怕猎食者触动负鼠身体的任何部位,它都没有任何反应。

编写人员：张耀明　王迎春　孟宪生　康翠苹　牛文娟　崔　颖　丁　雪　王　宇（排名不分先后）

美术设计：马玉玲　王　雯　李红梅　冯允亮　韩晓艳　王晓楠　刘建玲　陈国锐（排名不分先后）